By Laura Williams
Translated by Zainab Shah

© 2022 Williams Books
1 rue de l'église, 91430 Igny
Dépôt légal : Décembre 2022
ISBN 978-2-494614-61-1
Imprimé à la demande par Amazon
Loi n° 49-956 du 16 juillet 1949 sur les publications destinées à la jeunesse

هرن

[hiran] – antelope

چمگادڑ

[chamgadar] – bat

ریچھ
[reech] – bear

کھٹمل
[khatmal] – bedbug

شہد کی مکھی
[shehad ki makhkhi] – bee

بھینس
[bhains] – buffalo

تتلی
[titli] – butterfly

اُونٹ
[oont] – camel

بلی

[billi] – cat

گرگٹ

[girgit] – chameleon

چوزه
[chooza] – chick

مرغی
[murghi] – chicken

لال بیگ

[laal baig] – cockroach

گائے

[gaye] – cow

جهینگر
[jheengar] – cricket

مگرمچھ
[magar machch] – crocodile

كُتا
[kutta] – dog

گدها
[gadha] – donkey

بطخ
[batakh] - duck

کیچوا
[kechwa] - earthworm

ہاتھی

[hathi] – elephant

مچھلی

[machchli] – fish

مکھی
[makhi] – fly

لومڑی
[loomri] – fox

مینڈک

[maindak] – frog

غزال

[ghazzaal] – gazelle

زرافه
[zarafah] – giraffe

بکری
[bakri] – goat

ہنس

[hans] – goose

دریائی گھوڑا

[dryai ghora] – hipopotamus

گھوڑا
[ghora] – horse

لگڑ بھگا
[lagar bhagga] – hyena

شیر

[sher] – lion

چھپکلی

[chipkali] – lizard

تِل

[till] – mole

نيولا

[nayola] – mongoose

بندر
[bandar] – monkey

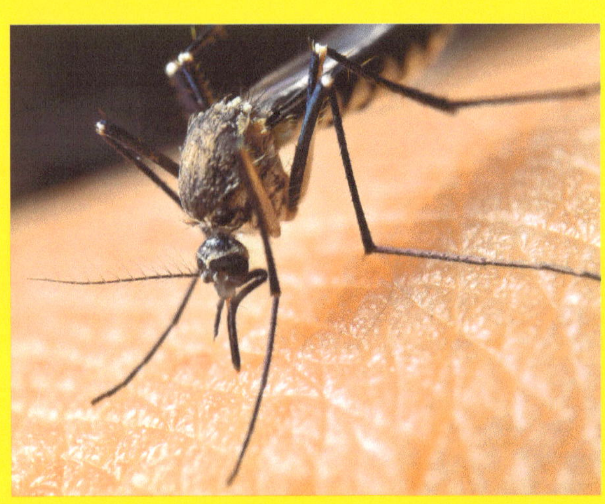

مچھر
[machhchar] – mosquito

چوہا
[chooha] – mouse

طوطا
[tauta] – parrot

سُور

[soor] – pig

کبوتر

[kabutar] – pigeon

خرگوش
[khargoush] – rabbit

مُرغ
[murgh] – rooster

بھیڑ
[bhair] – sheep

گھونگا
[ghoonga] – snail

سانپ
[saanp] – snake

مکڑی
[makri] – spider

بِھِڑ
[bhirr] – wasp

گورخر
[gorkhar] – zebra

Thank you

Thank you for purchasing "Urdu-English Words for Toddlers"! Your support means a lot to me, and I hope you and your child enjoy these books.

If you have a moment, I would greatly appreciate it if you could leave a review on Amazon. Your feedback will help me improve future editions of the series and create more resources for bilingual children.

Thank you again for your support. You can access the reviews on Amazon by scanning the QR code below or by visiting the link below:

https://www.amazon.com/review/create-review?&asin=2494614619

Thank you for helping me continue my work as a language teacher and translator. Your support is greatly appreciated!

In the same collection

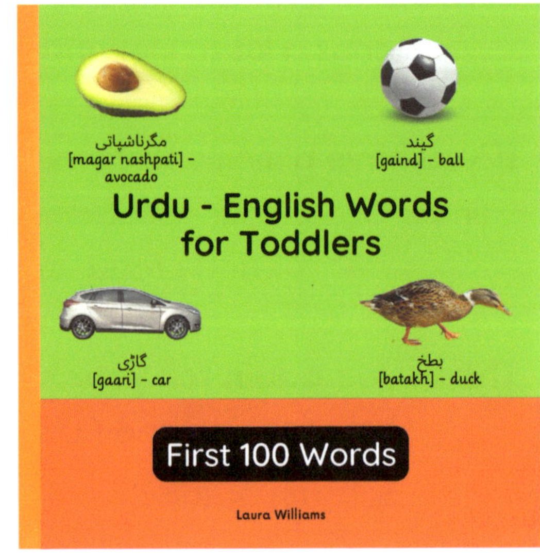

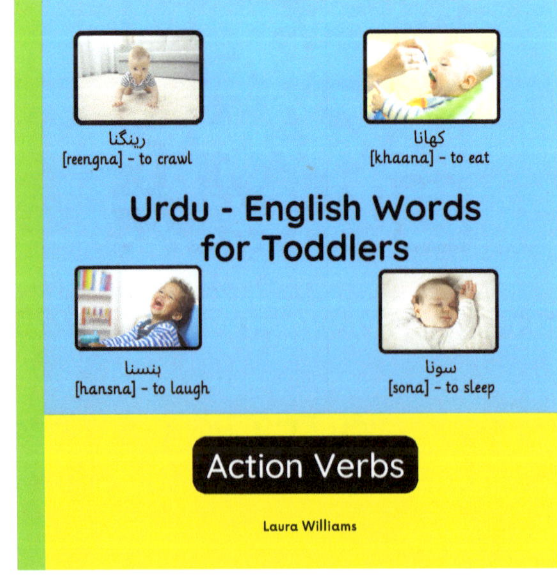